Gud helar

Det eviga Ordet,
den Ende Guden, den Fria Anden,
talar genom Gabriele,
liksom Han gjort genom alla Gudsprofeter -
Abraham, Mose, Jesaja, Job, Elia,
Jesus från Nasaret,
Guds Kristus

GUD
helar

Gabriele

Föreningen
Gabriele Förlag - Ordet

2. Upplagan september 2024
Utgivare: © Gabriele-Verlag Das Wort GmbH
Max-Braun-Str. 2, 97828 Marktheidenfeld, Tyskland
www.gabriele-verlag.com

Licenserad upplaga översatt från originalspråket
tyska med titeln: "Gott heilt".

Den tyska upplagan gäller som referensverk
för alla frågor beträffande betydelsen av innehållet.

© Föreningen Gabriele Förlag - Ordet;
med tillstånd från © Gabriele-Verlag Das Wort GmbH
Best.nr. S309TBsvPOD
schwedisch

Dekorationsbokstäver: © Gabriele-Verlag Das Wort
Alla rättigheter förbehållna.

ISBN 978-3-96446-587-0

Innehåll

Helande

I detta ord vibrerar så mycket av det som människor förknippar med det och har förknippat med det i alla tider.

Helande

Hur mycket av människohjärtats längtan och hopp klingar inte i ordet "helande"!

Helande, det är balsam, tröst och räddning, ja frid där det finns eller har funnits en störning. Ordet "helande" betyder helandets, läkandets process, inte tillståndet att vara hel. Vilken människa behöver inte helande? Har inte nästan var och en av oss en mindre eller större störning i hälsan att beklaga som hon önskar bli fri från?

Den vars hjärta ännu förmår känna på ett levande sätt anar dessutom att helande, läkande och slutligen tillståndet att vara hel har att göra med en fundamental ordning av den inre människan. Helande rör innerst inne själens sfärer som är människans ursprung, i vilka hennes egentliga liv vilar.

Hur kan vi öppna oss för den helande kraftens källa?

Den centrala kraften i människans inre är Ande. Ande är urkraften i allt varande.

Denna gudomliga allomfattande Ande är livet i varje livsform; också den materiella.

Den andas i människans själ och i var och en av kroppens celler. Ande är alltså livet, livskraften, den helande kraften. Om vi vill öppna helande genom Anden måste vi lägga in vår själ i helandet och i allt som rör helandet, d v s vi måste ge liv åt våra tankar och ord.

Hur ofta säger icke människor: "Jag måste bli frisk, ja, jag vill bli frisk". Samtidigt tvivlar de emellertid i sitt inre på att de blir friska. D v s de talar visserligen om att bli helade och friska:

"Jag skulle vilja bli frisk", och är ändå inte medvetna om att de samtidigt tvivlar på tillfrisknandet i sitt inre, med sina känslor och tankar. De sätter sålunda pessimistiska känslor och tankar fulla av tvivel emot det positiva ordet helande eller tillfrisknande. Det innebär att de positiva krafterna i ordet helande eller tillfrisknande blir kringskurna. Vi förstör därmed själva vad vi önskar. Vi besjälar inte vad vi uttalar.

Varje människa har en själ och varje livsform är besjälad av den enda kraften, Gud.

Först när vi skapar förtroende till den som är hälsa och helande, Gud, och besjälar våra ord med vårt förtroende, när vi låter vår förnimmelse känslo- och tankevärld vibrera som besjälande kraft in i ordet helande eller tillfrisknande, har detta ord kraft och påverkar vår själ och varje cell i vår kropp. Först då medför det helande och lindring av våra lidanden.

Gud är Ande, Gud är energi. Den mänskliga kroppen är nedtransformerad energi, förtätad

Ande som alla andra materiella, solida substansers levnadsformer. Den lever på den vibrationsnivå av materien som den korresponderar med. Anden, Gud, besjälar emellertid livet och därmed var och en av oss.

Öppnar vi oss för Gud, Anden, i det att vi transformerar vår förnimmelse- och tankevärld till en högre nivå, d v s i det att vi bemödar oss att tänka ädelt, rent och gott och uttala det som vi kan bejaka med våra förnimmelser och känslor, då når vi livets ursprung, Anden. Då öppnar vi oss för den eviga kraftkällan och uppnår lindring och helande.

Det ligger alltså enbart hos oss om vi öppnar oss och om vi genom våra förnimmelser och tankar låter Andens krafter flyta in i orden helande och tillfrisknande. Våra förnimmelser och tankar är transformatorer för den gudomliga kraften som sedan besjälar dessa ord och låter dem bli verklighet i och omkring oss i positiv mening.

Är emellertid våra förnimmelser och tankar inte positiva och vi säger: "Jag önskar mig hälsa och kraft" då är orden kraftlösa eftersom transformatorn inte medvetet är inriktad på hälsa, på kraften, Gud. Vi förnimmer och tänker annorlunda än vi pratar. Följaktligen stänger vi automatiskt av den besjälande kraften som skulle vilja besjäla förnimmelserna, tankarna och orden.

Vi får alltså varken förvänta oss helande, tillfrisknande eller lindring om vi bara tänker på eller talar om helande men vår förnimmelse- eller känslovärld reagerar helt annorlunda; ty känslorna, förnimmelserna och tankarna är transformatorerna för kraften.

Vi kan i dagar tänka på och uttala orden helande och hälsa. Det kommer dock att vara förgäves om vi inte tillfogar den besjälande kraften till tankarna och orden, om vi inte besjälar dem med våra förnimmelser, känslor och tankar och inte förlänar någon kraft åt våra önskningar. Vi förblir sjuka och kommer även i fortsättningen att vara underkastade våra bekymmer och svårigheter och också drabbas av motgångar.

Människan kan växa ifrån sjukdomar, bekymmer och ödets slag om hon besinnar sig på sitt ursprung, på Anden genom att hon eftersträvar att utveckla sig högre andligen genom sitt bemödande om förverkligande av de andliga gudomliga lagarna. Den högsta och allomfattande lagen är Kärleken.

Djup och varaktigt helande är bara möjligt via Anden och genom Anden ty i Anden finns all kraft, allt liv och all hälsa.

För att tillgodogöra sig den helande kraften och livskraften skulle jag bara vilja ge råd och hänvisningar. De kan emellertid aldrig vara uttömmande och fullständiga ty sammanhangen är så komplicerade och aspekterna så mångfaldiga och subtila som själva livet.

Atomåldern - vattumannens tidsålder -
inverkan av kosmiska krafter -
Världen rakar ur fogarna -
Var finns det fotfäste?

Vi måste se jordelivet i vår tidsepok i sitt kosmiska sammanhang.

Vi står inför en stor vändpunkt i tiden. I ökad utsträckning inverkar kosmiska krafter på vårt nuvarande liv.

Genom orubbliga lagar som vi inte kan fatta i alla detaljer verkar de såväl i som också på jorden. De inverkar också på hela solsystemet och framkallar allestädes förändringar. Därvid väcks i vår själ och också i vår fysiska kropp de ännu slumrande sjukdomarna och motgångarna. Det är orsakerna från tidigare liv. Den kosmiska kraften bringar allt i dagen som ännu inte sonats.

Jorden vrider sig kring sin axel i växlingen mellan dag och natt. Efter andra kosmiska, givna lagar kretsar den i växlingar mellan vår, sommar, höst och vinter runt solen som ger liv åt den materiella substansen.

Efter likaledes givna lagar avlöper väldiga andliga och kosmiska epoker. Varje epok medför mera andlighet och väcker människan till högre andlig insikt. Så ser många av oss att vårt sanna liv är kosmiskt d v s evigt och att vi bara för en kort tidsrymd, för en kort tillvaro är fjättrade till våra kroppar och bundna till jordplaneten.

Vårt egentliga, vårt eviga väsen är ett Alltets barn, den evige Faderns barn. Vi kan inte undgå att rikta in oss på denna kosmiska kraft, på Gud, då vi är barn av kosmos och evighetens arvingar.

Vi lever i atomåldern och samtidigt ur andlig sikt i vattumannens tidsålder som leder oss vidare och inspirerar oss till ett andligt livsinnehåll och till fördjupad andlighet.

Allt flera människor finner inte längre något innehåll och något fäste i det materiella livet.

Den eviga sanningen driver på många. De börjar söka efter högre ideal och värden. De strävar till sitt inre för att där söka hälsa och liv.

Allt flera människor insjuknar och många är ängsliga. De lever i den ständiga fruktan: När kommer en sjukdom att drabba mig och tvinga mig att bli sängliggande, eller kommer jag att bli en atomskadad och lidande människa? - Ju mera rädslan ökar hos människan desto intensivare söker den enskilde efter välgång och trygghet, efter hopp och tillförsikt.

I denna turbulenta tid då människor inte längre går säkra för atomstrålning, för sjukdom och borttynande, då de inte längre vet vilka livsmedel som ännu är acceptabla, vilka som redan är förorenade, börjar många att söka efter välgång inom sig själva.

Den eviga Anden, hälso- och lyckobringaren, Gud, Kärleken, lämnar inte människan i sticket. Ju större människans nöd är, desto mäktigare verkar Anden i denna världen. Den undervisar Sina barn och skänker dem lindring och helande.

Förutsättningen är emellertid att människan kan bejaka Anden, Livet, Gud och erkänna Anden som kraftkälla inom sig. Detta är första steget till den inre välgången. Det andra är att bemöda sig om frid med sin nästa och om redlighet i förnimmelser och tankar. Människan börjar att älska sina medmänniskor som likaledes lider som hon själv. Hon vinner förståelse för sin nästa och går honom till mötes. Sedan går hon nämligen Gud, den inre läkaren och helaren i Kristus, vår frälsare, till mötes.

Ty Anden inom oss vill på samma gång vara vår väg, vår läkare och vår helare. Det är Han som leder oss till de kosmiska höjderna, till salighetens eviga vår, såvida vi bara är hågade och förmår att öppna oss för Honom, för Hans kraft, för Hans helande styrka. Anden allena är vägen som betyder inre tillväxt, välgång och hälsa.

Världen är underkastad ständig förvandling. En omvandling av oanade mått kommer att bryta in över människorna under den framför oss liggande tiden, mera omfattande och djupgående än vi överhuvudtaget nu kan föreställa oss. Atomstrålningen kommer att öka och vårt jordiska liv kommer att hotas allt mer. Förr eller senare måste vi inse att mycket av det som människan har tänkt ut och skapat faller ut ur den hittillsvarande ordningen. Vi måste inse att också naturen, örterna, frukterna och grönsakerna lider av de orsaker som människans missbruk har skapat och blir onjutbara i ökad utsträckning.

Vart skall människan vända sig, när lidande, sorg och smärta trycker ned henne och kroniska sjukdomar sätter sin prägel på hennes kropp? Var finns de människor som kommer med lindring och helande? Är det de som idag håller fina tal som blidkar människorna och som trots alla tecken som tyder på faror för livet på jorden fortsätter att följa sin kurs. Ännu innehar dessa de ledande positionerna. När nöden dock blir större bland människorna, när sjudom och borttynande utbreder sig allt mera, kommer också de att bli tysta och behöver till slut uppsöka Gud som är livet som står över det tidsbundna, över sjukdom, nöd och bekymmer. Det är den inre läkaren och helaren, Anden, Gud, Han som räddar vår själ och helar vår kropp.

Skrider tiden framåt och tilltar hotet från atomkraften kommer mången att känna igen vattumannens tidsålder i vilken Anden med kraft uppenbarar sig. De sovande och ovetande kommer att jämra sig och klaga ännu mera högljutt och klamra sig fast vid det hittills gällande. Även för den sovande kommer världen att gå under, ty det som innebär säkerhet för honom, kommer i gungning, ja det rakar ur fogarna. Det sista fästet kommer att tagas från honom, den lilla lyckan kommer att försvinna. I detta tillstånd irrar han omkring och frågar sig: Var finns fästet i mitt liv, var är tillflyktsorten?

Ingenting går förlorat -
Vi skördar vad vi sått

Den uppvaknade vet emellertid var det oförstörbara fästet, var den sanna världen finns att söka och att finna. Han vet att kroppens död inte är slutet utan att döden bara är porten till själens fortsatta existens. Den lever vidare med alla ljus- och skuggsidor som den har tillägnat sig i den mänskliga kroppen.

Ingenting går upp i rök. Vad människan sår kommer hon att skörda såvida hon inte på allvar bemödar sig om självrannsakan och självkännedom. Därigenom inser hon nämligen genast sitt felaktiga handlande. Hon förstår sina brott mot den gudomliga lagen och bemödar sig genast att rena sig från dem. Då lever man nämligen livet medvetet.

Den som vet att allt är energi och att ingen energi går förlorad, vet också: Allt som jag, människan, sänder ut ifråga om energi, förnimmelser, tankar, ord, handlingar, ifråga om goda och dåliga gärningar, ifråga om fruktan, hat, avundsjuka, fiendskap och svartsjuka, det faller tillbaka på mig. Det går in i min själ och återspeglar sig i min kropp enligt mitt sätt att tänka och handla. Ty i och på min kropp blir det synligt i detta eller kommande jordeliv eller på astralplanen vad jag, människan, har sått.

Den som förstår att ingenting går förlorat, börjar att gå till grunden inom sig själv, att utforska sig själv. Han börjar att följa de eviga, gudomliga lagarna och vänder sina steg åter mot sitt inre hem.

Genom självkännedom och luttring av sin själ uppnår han kännedom om Gud och känner sig trygg i Kristus. Han behöver inte känna fruktan, ty han får inte sin säkerhet utifrån. Han vet att nöd och lust inte kommer inifrån, från den eviga Anden, utan att han har skapat dessa energier själv. De överröstar Andens verksamhet och ger sig till känna som energi som också är ljud i och på kroppen.

Vad vi får bära som människor: Nöd eller lust, frid, harmoni eller sjukdom, ödets slag, ensamhet och nöd, det har vi själva engång förvärvat eller dragit på oss genom ett motsvarande tänkande och handlande vare sig det är positivt eller negativt. Vi är alltså själva vårt livs byggmästare.

Aktivering av de inre krafterna - verksam bön stillhet och tystnad

Människan befinner sig i livets skola. Jorden är platsen för hennes skolning och prövningar. Vi bör se denna chans och därför bemöda oss om att rena vår själ, det kosmiska arvet, i det att vi redan som människor riktar in oss på livets sanna mål och aktiverar och får Gudskrafterna som också är helande krafter att flyta i förstärkt utsträckning.

Vi måste arbeta med oss så att vi blir pånyttfödda, ja hela i Anden och således får helande genom Anden. Vi måste iaktta livets lagar. Då kommer vi att uppväcka livets källa i oss som vill uppfylla varje cell i vår kropp.

Allt finns i det inre. Universalbotemedlet är Anden som bor djupt inne i vår själ. Det är kraften som helar själen och människan. Denna inre kraft som är livets helande kraft i vår själ och kropp kan genom bön och meditation komma att bli verksam genom högre nivåer av stillhet och tystnad.

Bön betyder dock att jag också i mitt liv förverkligar allt vad jag ber om. Ber jag om helande då bör jag tänka helande tankar i mitt inre och inte längre tala om sjukdom. Ber jag om frid då bör jag förlåta min nästa och be honom om förlåtelse. De osjälviska positiva tankarna som jag sänder till min nästa i det att jag ser det positiva i honom orsakar frid inom mig. När jag börjar att älska min nästa och inte längre kritiserar hans tal och svagheter löser min kärlek och min bön upp mitt hjärta.

En riktig bön innebär alltid på samma gång ett riktigt liv.

Till stillhetens och tystnadens högre plan kommer jag bara om mina förnimmelser och tankar är ädla, om jag också ser det goda i min nästa, om jag gör gott, om jag handlar osjälviskt. Då blir det stilla inom mig. Mina motstridiga känslor och tankar tiger allt mera. Jag kommer då bara att yttra det som är väsentligt, gott och främjar det goda. Det är stillheten och tystnaden på högre plan. Det behöver inte betyda att alla tankar tiger, att tankarna är absolut stilla. Ånej, inom mig kan finnas osjälviska, ädla, gudsinspirerade tankar. Även det är stillhet, även det är tystnad.

Först när det blivit stilla inom oss kommer vi att få allt mera distans från våra låga tankar och böjelser. Den allsmäktige Anden, den inre helande livskraften börjar då att verka inom oss i förstärkt utsträckning. Vi får helande inifrån och blir hela. Att eftersträva detta helande betyder att tänka om, betyder att orientera sig på nytt.

Varje tanke strävar efter dess förverkligande

Liv är vibrationer. Denna grundsanning är allomfattande. I det mänskliga livet har ett slags vibrationer särskild betydelse för vårt väl och ve: det är våra tankar.

Tankar är omätligt stora krafter.

Det vi tänker blir verklighet, såvida vi inte i rätt tid överlämnar våra tankar till det inre ljuset och ber om förlåtelse och omvandling. Vi är då åter fria från vad vi nyss har tänkt ifråga om motstridiga tankar, från vad vi sände ut i etern och vad som med säkerhet hade kommit tillbaka till oss.

Tankar är som frön: de slår rot, växer upp och bär frukt efter sitt slag d v s efter vårt tänkande, talande och handlande.

Vill vi leva vårt liv lyckligt, vill vi skörda hälsa, harmoni, frid, kärlek och glädje, då måste vi dessförinnan så motsvarande i vårt förnimmande, tänkande och handlande.

För att vi skall kunna uppnå inre helande måste det stå klart för oss att varje tanke strävar efter dess förverkligande såväl den positiva som också den negativa. Ju oftare den tänkes desto starkare är dess kraft och dess verkan i vår själ och i vår kropp.

Riktar vi t ex in hela vårt tänkande, strävande och vår vilja på en tanke, så kommer den ringaste impulsen från tankarnas rike - ofta från det undermedvetnas rike - att slunga in den i det medvetnas rike, verkligheten, och förslava och pina oss. Om vi betraktar oss själva måste vi förstå att vi är dilettanter i livet så länge vi förblir knektar av våra negativa tankar.

Vi måste alltså inse att varje sjukdom, krasslighet, varje ödets slag är resultatet av egna förnimmelser, tankar och handlingar. Vi själva skapar genom våra tankar de positiva krafter som låter vår själ blomma upp och bli hel och ge frid och hälsa åt vår kropp. Vi själva skapar de negativa energifält som likaledes inverkar på oss,

belastar vår själ och medför ytterligare tanke-
impulser, d v s ur tankarnas rike attraherar sam-
ma och liknande.

Det som vi attraherar och håller fast genom
ytterligare tankeverksamhet stannar hos oss och
påverkar oss allt starkare beroende på om vi
tänker samma och liknande.

Om det bara finns ett uns av sorg och bekym-
mer i vår själ så kan detta uns genom en impuls
utifrån förstärkas till ett jättestort komplex. Vi
börjar att tänka något men kontrollerar inte våra
tankar. Vi låter dem komma om och om igen
och tänker därvid ständigt samma och liknande
tankar. Därigenom förstärks den negativa kraft-
en och ger sig sedan till känna i vår kropp på ett
motsvarande sätt. Motgångar, lidande, nöd och
sjukdom kan bli följden.

Positiva tankar leder
själ och kropp in i ett högre
vibrationsområde - Tankarnas
bemästrande är livets bemästrande

Därför är tankarnas bemästrande livets bemästrande. Således är att tänka rätt att leva rätt. Den som inte ger akt på sin tankevärld och inte bemästrar sig själv råkar in i omvärldens suggestiva makt; ty tankar och ideer uppstår alltid även under inflytande av den medmänskliga atmosfären. Så länge som vi inte ens har lärt oss att avskärma oss mot våra egna tankar, kan andras tankar och ideer tränga in i vårt medvetande och försöka att styra oss. Just dessa kan, såvida vi sätter dem i rörelse inom oss, komma att resultera i såväl själsliga som fysiska sjukdomar.

Vi måste komma till insikt om att alla känslor och tankar framkallar processer i hjärnan som sedan påverkar alla celler och organ. Varje enskild cell äger ett cellmedvetande. Vi kan t ex väcka det genom att sända tankevågor av hälsa och kan stimulera det positivt i sin funktion. Så som varje cell har ett cellmedvetande, så har också nerverna sitt nervmedvetande. De inre organen har sitt organmedvetande, körtlar och hormoner likaledes sitt körtel- och hormonmedvetande. Vi kan påverka hela vår kropp genom tankar. Ju mera positiva våra förnimmelser och tankar är, desto renare är vår själ och också vår kropp. Därigenom kommer vi in i ett högre vibrationsområde som gör det lättare för oss att omge oss med högre, med positiva och ädlare tankar.

Ingenting kommer av sig självt. Vi måste anstränga oss och göra det riktiga av vårt liv. Vi måste omgestalta det så att det blir rikt på visdom och kraft. Det gäller således att leva medvetet. Då kommer höga energier att omvandla de låga som för det mesta ännu häftar vid oss obemärkt och vi kommer att leva ett uppfyllt liv. Vi kommer att genomleva varje dag, varje timme och minut medvetet och erfara det som

lycka inom oss eftersom vi därvid samlar positiva krafter. Dessa gör vårt liv rikt och sålunda i
enlighet med Guds vilja.

Hur avlägsnar vi negativa tankar
ur vårt medvetande?
Medvetandestödet

Trots alla bemödanden är det möjligt
att samma låga tankar plågar oss om
och om igen, saker som vi ännu inte kan avlägsna ur vårt medvetande och som ständigt
kommer tillbaka. Då borde vi fråga oss om
oförsonliga tankar ännu finns kvar hos oss
och om vi redan har bett vår nästa om förlåtelse. Om så är fallet får vi fråga oss vidare:
Hände detta i den ärliga avsikten att helt släppa allt som varit eller håller vi ändå fortfarande
något tillbaka inom oss? Vill vi kanske uppnå
det ena eller det andra? Kanske är vi ännu lite
avundsjuka på vår nästa. Kanske vill vi ännu

tvinga fram något och sålunda väcka medlidande därför att vi vill se oss i rollen av den lidande eller den förfördelade.

Om vi alltså av egenkärlek ännu har hållit tillbaka ett uns av en negativ tanke då kommer denna tanke att plåga oss. Ju oftare vi tänker på det desto mer bygger vi åter upp ett nytt kraftfält. Det kommer att utöva allt mera inflytande på oss och vi konstaterar: Bönen om förlåtelse eller det skenbara förlåtandet hade ingen verkan. Det beror på oss själva eftersom vi inte har släppt allt och eftersom vi höll tillbaka rester av negativa tankar med vilka vi ändå bara ville uppvärdera oss själva. Dessa rester har vi förstorat upp genom våra tankar och låtit ett nytt komplex utvecklas igen av det som åter utövar inflytande på oss som tidigare.

Vill vi emellertid rena oss från den lilla rest som ännu finns kvar, lägga av den helt, då kan vi använda ett medvetandestöd som exempelvis: "Jag förmår allt genom Kristi kraft inom mig".

Om vi upprepar detta medvetandestöd flera gånger om dagen också då vi beger oss till vila, till sängs och efter uppvaknandet innan vi stiger upp, då kommer vi själsligt och fysiskt in i högre vibrationer och får allt mera distans från resten av de tankar som ville utöva inflytande på oss.

Detta medvetandestöd - "Jag förmår allt genom Kristi kraft inom mig" - borde vi säga med en känsla av lugn säkerhet och med förtroende. Då kommer vi enligt vår hänvändelse till Kristusanden att få den kraft som vi behöver för att övervinna det som ännu återstår.

Våra positiva tankar öppnar kraftens källa inom oss

Det som vi föreställer oss har omedelbar verkan på vår kropp. Om vi t ex tänker: "Jag är trött", så registrerar nerverna och musklerna detta och omsätter impulsen i kännbar trötthet. Tänker vi: "Jag är sjuk", så registrerar våra svaga organ och motsvarigheterna i vår själ detta. Vi omsätter alltså själva dessa tankar i sjukdomar.

Vi får ständigt vara på vakt och bemöda oss om att mot våra egna negativa tankar sätta positiva tankar, tankar av förtroende och mod. Då blir den evige Anden inom oss levande. Vi kommer att erhålla allt flera själsliga och fysiska energier. Är vår mänskliga ande vaken, positivt inriktad och koncentrerad på en sak bibehålls vår aktivitet.

Gud är källan till varje kraft, till atomens kraft, elektricitetens kraft, vår själs kraft och vår kropps kraft. All kraft kommer inifrån, från vår Skapare, den allsmäktige Anden. Han ger liv åt den trötte, stärker den sjuke och helar hans lidanden - motsvarande vår hänvändelse, motsvarande vårt tänkande och liv.

Allt gott, rent, ädelt, alla positiva krafter kommer från djupet av vår själ, från den obelastbara väsenskärnan, från Gud.

Lever vi med det gudomliga, lever vi i harmoni med alla energier bibehålls vår skapande kraft, ja den ökar t o m i tilltagande grad. Avbryter vi emellertid kontakten genom att vi tänker och reagerar mänskligt, sår hat, avundsjuka och

34

tvedräkt, hyser tankar av svartsjuka, så förlorar vi såväl själslig som fysisk energi.

Ett elektriskt redskap går så länge som det är anslutet till strömkretsen. Blir denna avbruten står det stilla.

På liknande sätt är det med människan. Handlar vi ständigt mot de universella lagarna, mot livets kraft i det att vi inte medvetet ställer vårt liv under Andens beskydd och inte lever disciplinerat, så minskar de andliga krafterna i själen och även i den fysiska kroppen. Eftersom energierna drar sig tillbaka blir organen svagare och är därigenom mottagliga för sjukdomar. Det betyder att människan blir energifattig, hennes vibrationer blir grövre. Hon råkar alltså in i farozoner i vilka hon är öppen för virus och skadliga bakterier i enlighet med hennes vibrationstillstånd.

Är vår mänskliga ande renad från negativa förnimmelser och tankar arbetar den bättre och förfogar över mer kraft än den som är tyngd av småaktiga, pessimistiska tankar.

Vi borde en gång göra följande försök - det lönar sig: Under de följande 24 timmarna tänker och talar vi positivt och hoppfullt om allt: om vårt arbete, vår hälsa och vår framtid. I början kommer det inte att vara helt enkelt, särskilt då vi hittills varit fixerade på negativa förnimmelser, tankar och ord. Vi måste slita oss loss från det, även om det kostar en energisk viljeansträngning. De positiva krafterna som vi vänt oss till kommer genast att skynda till vår undsättning. Endast på det sättet uppnår vi frid och kan i ökad utsträckning motta från den heliga strömmen, från Gud.

Urenergikällan spenderar outtröttligt positiv, uppbyggande kraft. Den matar alla människor, alla ting, samtliga livsformer.

Många människor missbrukar emellertid de positiva krafterna. Genom deras lagstridiga förnimmande, tänkande och handlande omvandlas dessa krafter och transformeras ned till lägre vibrationer. Gud tillåter detta ty vi måste via vår egenvilja, via vårt mänskliga görande och låtande åter finna tillbaka till Guds vilja, till den renaste, gudomliga urenergin.

Öppnar vi oss emellertid för den eviga strömmen, Gud, i det att vi riktar oss till de positiva krafterna såväl i förninmelser och tankar som i ord och gärningar, då kommer de till oss och tjänar vår själ och vår kropp.

Vill vi bli friska och inspirera vår kropp till att bli helad genom Anden måste vi erkänna dessa livets lagar: De negativa, nedtransformerade krafterna inverkar störande på själ och kropp. De positiva krafterna, de rena gudskrafterna, stärker själ och kropp och stimulerar till hälsa, så att helande kan ske inifrån och utåt genom Guds kraft i oss.

Det betyder att vi först får öppna oss för de positiva krafterna i det att vi besegrar våra negativa energier, våra mänskliga förnimmelser, tankar och ord och sätter positiva bejakande, uppbyggande tankar, ord och handlingar mot dem. Då blir vi ett kärl för den positiva kraften som också är den helande livskraften.

Innan vi alltså väcker de inre krafterna, måste vi avlägsna vårt eget negativa tänkande, ja varje tanke som påminner om en sjukdom. Det är nödvändigt emedan tankar som erkänner sjukdomar som faktiska företeelser ånyo förorsakar sjukdomar eller håller sjukdomen i kroppen.

Detsamma gäller för varje annan svårighet, också för varje problem, för varje krasslighet, för varje ödets slag. Talar vi om det som för tillfället belastar oss, kommer vi att hålla det kvar och t o m förstora det.

Tankar är krafter. Ju oftare vi tänker en tanke, desto större är makten av denna tanke, detta tankekomplex över oss.

Hur svårt det än kan vara för oss, när vi har smärtor så borde vi ändå komma till insikt om att vi kan neutralisera mycket genom de positiva tankarnas kraft eller att vi kan öppna oss för de helande krafterna. Låt oss våga att betrakta våra smärtor, sjukdomar, svårigheter eller problem som följder av lagbundenheter! Låt oss våga att hysa förtroende för Andens makt och kraft som förmår allt! Då kommer vi också att erfara att Guds kraft finns där, att den lindrar, helar och att den bistår och leder oss.

Förberedelse för inströmmandet av de helande krafterna

För att göra oss mottagliga för den kosmiska kraften, för de helande livskrafterna, borde vi vara medvetna om att oändlighetens essens finns inom oss. Inom oss verkar en makt som är obeskrivlig, ofattbar: Det är kärlekens centrala makt. Det är Guds kraft och Guds livgivande styrka.

Vi är bara svaga, mänskliga och kraftlösa om vi bejakar vår svaghet, vår kraftlöshet, vår mänskliga tillvaro. Litar vi emellertid på den högsta makten inom oss, på oändlighetens fullhet, bejakar vi att vi är Guds barn och bejakar vi

Fader-Moder-medvetandet i oss, kärlekens högsta energi, bejakar vi den i tankar, ord och handlingar och handlar därefter blir vi kraftfulla och energiska. Det som avspeglar sig i kroppen, våra nuvarande svårigheter, kommer att försvinna så småningom. Hälsa kommer att träda i stället för sjukdom, frihet i stället för svårigheter och problem, osjälviskhet i stället för jagmedvetenhet, osjälvisk kärlek i stället för egenkärlek.

Vi borde hysa vördnad för denna högsta makt inom oss. Denna vördnad visar sig också i det yttre, i vår kroppshållning. En rakryggad kroppshållning vittnar också om en rakryggad ande. Vi borde bemöda oss om det i det yttre, så att det inre snabbare och lättare kommer till genombrott men inte för att framställa något i det yttre som inte finns i det inre.

För att göra oss mottagliga för de kosmiska och helande krafternas inflöde, borde vi välja en kroppshållning som gör det lättare för gudskrafterna att strömma in så obehindrat som möjligt. För att uppnå detta intar vi antingen en rak sittställning eller också lägger vi oss på rygg. Sedan förbereder vi oss i tankarna, d v s vi sänder ut tankevågor som: "Jag har hälsan inom mig", "Inom mig är Guds fullhet", eller "Jag är kosmiskt medvetande". Därigenom omger vi oss med ett fluidum av tillförsikt som i sin tur bidrar till att ge hela människan en positiv inriktning och att öppna henne för livskrafterna.

Om vi nu vill tala till ett organs t ex den dåligt fungerande leverns medvetande, så kan vi förstärka verkan av våra positiva tankevibrationer genom att lägga vår högra hand på levertrakten.

Följande ligger till grund för detta: Varje människa är en energikropp. Hon tar upp energi och ger åter ifrån sig energi. Vi vet från uppenbarelser att den vänstra handen liksom är en antenn som tar emot de kosmiska krafterna och leder dem vidare. Den högra handen tar visserligen också emot, men den lämnar framför allt ifrån sig energierna. Om vi alltså lägger vår högra handflata, som i förstärkt utsträckning lämnar ifrån sig energierna, på motsvarande kroppsdel och använder vänstra handen som antenn som vi riktar mot kosmos, då genomströmmar den kosmiska energin oss väsentligt snabbare. Därigenom främjar den inom oss verkande kristuskraften lindringens och läkandets process framför allt i själen.

För att förbereda det egentliga helandet genom de kosmiska livskrafterna talar vi således, med stöd av den skildrade handpåläggningen av högra handen, till vårt levermedvetande i det att vi med ungefär följande ordalag säger: "Min lever, vakna ur din slummer och uppfyll troget den uppgift som vilar på dig! Avsöndra galla i tillräcklig mängd och genomför vad den Allsmäktige har lagt på dig: Avgifta kroppen så att den förblir funktionsduglig!"

Till vår mage kan vi säga: "Matsmältningsmedvetande, vakna och fullgör de plikter som ålagts dig. Du har under den sista tiden försummat dina uppgifter som ett viktigt organ. Var pålitlig från och med nu. Gör din plikt! Jag bejakar också inom dig de positiva allrådande krafterna och är förvissad om att du glatt kommer att uppfylla det som Skaparen ålagt dig för att bidra till hela kroppens bevarande och hälsa".

Om vi vet och tror på att allt är energi, att varje cell inom sig äger den andliga kraften och att allt som lever, lever av och genom Gud, genom Guds urenergi, då är det också möjligt för oss att ladda upp energierna med positiva krafter. Då är det också möjligt för oss att förstärka energierna i varje cell av vår organism och särskilt i vår själ så att de blir aktivare och påverkar eventuellt bestående motstridigheter som sjukdom eller krasslighet och därigenom förvandlar dem till positiv energi.

Samma kan vi emellertid även göra i negativ bemärkelse. Vi kan transformera ned de inom oss existerande positiva krafterna genom negativa tankar, genom erkännandet av sjukdomar, öde, nöd, hopplöshet och dylikt, till den grad att vår kropp blir allt svagare. Andligt sett betyder det att vår själs väsenskärna, energipotentialen genom vilken de gudomliga krafterna flyter in, råkar in i ringare aktivitet och kan attrahera allt mindre andlig kraft. Det betyder dessutom att själen erhåller allt mindre och den fysiska kroppen ännu mindre livsenergi. Försvagade organ blir då mottagliga för sjukdomar, därför att de saknar livskraft d v s Gudsenergi.

Vi kan alltså genom positiva, uppväckande tankar och ord stimulera organmedvetandets aktivitet och förbereda organet för den inre helande livskraften. Förberedelsens varaktighet rättar sig efter vår själsliga belastning och om vår känslo- och vår förnimmelsevärld är i harmoni, alltså i samklang, med våra positiva tankar och ord. Är ett organ redan mycket försvagat, då kommer det under den första tiden att ta emot de positiva, helande livskrafterna bara tveksamt. Vi borde dock inte tvivla och bli vårdslösa om det inte genast blir resultat.

Har vi bestrålat organet ungefär fem till tio minuter, alltså gett det en behandling, då borde vi också tillerkänna det uppvaknandet såsom i fallet med leverns medvetande: "Du har nu vaknat ur slummern. Jag tackar dig, att du nu har förberett dig för helandets vågor så att du kan ta emot dessa." Magen kan tillerkännas lovprisande vibrationer ungefär på följande sätt: "Du, mitt magmedvetande, har vaknat nu. Jag sätter min tilltro till dig. Du är nu åter flitigt verksam. Magen kommer att avsöndra magsaften på rätt sätt. Inälvorna kommer åter att arbeta riktigt. Matsmältningen och tillförseln av näring kommer att försiggå oklanderligt. Jag tackar organmedvetandet". Organet förstår inte våra ord, men cellgruppen tar upp de positivt utsända vibrationerna och omger sig med dem.

Vi kan gå tillväga på ett liknande sätt med varje organ ty allt är energi, allt är liv. Genom positiva känslor, förnimmelser, tankar och ord kan vi uppväcka allt liv till starkare aktivitet. Vi uppväcker först det slumrande organet, därefter tackar vi för att det har vaknat och att det har öppnat sig för Andens helande strålar.

Efter detta koncentrerade, positiva uppväckande av organmedvetandet, ber vi den inre läkaren och helaren om utökade helande krafter. Nu öppnar vi oss helt för Kristusandens krafter i det att vi med förtroende och i stillhet, utan att ta upp någon förnimmelse eller tanke i oss, låta helandets vågor strömma in i vår själ och även i vår kropp.

Förtroende och tillförsikt medför helande, tvivel motsatsen

När man riktar sig till organen måste man alltid göra klart för sig att våra stärkande tankar och ord inte vänder sig till det materiella organet, utan till organets medvetande, till Anden som är verksam i varje cell och leder organets funktion. Orden, som vi därvid upprepar, måste sägas klart och kraftfullt. Det forutsätter ett djupt förtroende till den Evige, så att våra förnimmelser stämmer överens med våra tankar och ord. Vi måste alltså vara helt genomsyrade av det som vi tänker och yttrar. Det är tro och förtroende till Gud, den helande kraften inom oss.

Och om vi riktar vårt tack till kroppen, till organet, så måste vi veta att vi inte omedelbart tackar organet, kroppen utan återigen Anden som är verksam i varje cell, i varje organ, i hela organismen och som är det egentliga livet, själens och kroppens liv.

Vi skall inte tro att upprepandet av positiva förnimmelser, tankar och ord är överflödigt emedan medvetandet i cellen förstår att man talar till det. Vi måste ha klart för oss att det inte är tankarna som sådana som utövar påverkan, utan de vibrationer som ligger bakom tankarna eller orden. Det är bejakandet av tron och förtroendet som vi uttrycker i tankarna och orden.

Om den som vill bli frisk bara säger orden för sig själv och tvivlar i sitt inre kommer cellmedvetandet och cellsystemet bara att ta upp tvivlets vibrationer, alltså återigen det som vibrerar bakom orden, våra känslor och våra förnimmelser: tillförsikt och hopp eller tvivel och klentrogenhet.

Genom tvivel och klentrogenhet uppnår vi inget helande, tvärtom. Vi kan påverka vår kropp att bli ännu sjukare, d v s transformera ned den genom tvivlets vibrationer och föra in den i ett vibrationsfält som gör den mottaglig för i denna frekvens vibrerande sjukdomsmikrober.

Härmed betonas om och om igen att tankar är väldiga krafter. Få människor vet vilken väldig makt koncentrerade tankar utövar. Såväl de positiva som de negativa tankarna vinner makt över oss, ju oftare vi tänker samma och liknande tankar. Vi skapar därigenom ett mäktigt tankekomplex som förblir i vår närhet som drabant. Tänker vi bara en tanke som har samma vibrationer som tankekomplexet ifråga, så börjar detta arbeta starkare och utöva inflytande på oss. Det vi alltså tänker, det är vi. Därav präglas vår själ och tecknas vår kropp.

Negativa tankar finns som tankekomplex i atmosfären och runtomkring oss. Det negativa vi har projicerat ut i etern befinner sig också som motsvarighet inom oss. Därigenom kan vi t ex genom en tanke som flyger på oss utifrån, framställa en kommunikation mellan våra motsvarigheter och tankarnas rike, i vilket samma eller liknande vibrerar. Vi måste alltså vara på vår vakt och ständigt leva under självkontroll: Det jag förnimmer, tänker och talar, det rör sig i riktning mot mig.

De positiva helande livskrafterna kan vi också använda oss av inom familjen. Vi kan sända till vår nästa, en av våra familjemedlemmar, positiva tankevågor och via själen göra kroppen mottaglig för Andens helande vågor. Om vår nästa är öppen och medverkar, så verkar de positiva krafterna snabbare, emedan den, vilken dessa krafter har sänts eller talats till är mottaglig.

Kristus, den inre läkaren och helaren av vår själ

Den andliga kraften, den läkande kraften, som vi ber om vid dessa tillfällen är den inre läkaren och helaren. Det är den inom oss verksamma kristuskraften. Den förmår att utveckla sig inom vår kropp och lösa upp de förhandenvarande skuggorna.

Den kan bara bli verksam om vi till fullo ställer våra helande tankar under Kristi kraft. Vi borde vara uppfyllda av kärlek till Honom som bara känner till hälsa och som är fjärran från varje form av sjukdom och nöd.

Tanken på att vara sjuk borde vi bannlysa från våra tankar och från vårt ordförråd. Då uppfyller de andliga helande vågorna det vi ber om. De medför att vår själ och vår organism kommer i högre vibrationer, vilket då kan resultera i helandet av vår själ genom den inre läkaren och helaren. Är det bra för vår kropp, då kommer det också att medföra läkning i vår kropp genom själen.

Den inre läkaren och helaren, Kristus, som vi talar till är emellertid helaren av vår själ. Är själen hel, överför den de helande, de positiva krafterna även till vår organism. För att Kristusanden starkare skall kunna bli verksam inom oss, måste vi först i det dagliga livet bemöda oss om att leva i harmoni.

Avspänning och stillhet
i stället för spändhet, nervositet
och krampaktighet

stillheten uppfylles kraften, uppfylles vår själs och vår kropps läkning. Därför måste vi först bli stilla, så att det andliga helandets vågor kan bli verksamma.

Om vi måste kämpa för att få inre ro, så bör vi inte gå av och an i rummet, inte knyta händerna och inte bita ihop tänderna. Vi borde tillföra vårt sinne lugna tankar. Kroppen reagerar genast på arten av våra rörelser och på tankar som för tillfället behärskar vårt mänskliga sinne.

Det är också ett faktum att vi kan lugna vårt mänskliga sinne om vi först lugnar kroppen i det att vi tänker in harmoniserande, positiva tankar i oss eller talar in positiva, harmoniserande ord i vårt inre. Också en viss kroppshållning kan understödja en viss andlig inriktning. Är vi nervösa så borde vi sätta oss med rak rygg, lägga båda våra handryggar på låren, andas medvetet och lugnt och tala långsamt och lågmält in i vårt inre. Dessa små övningar bidrar till lugnandet och förberedandet av vår kropp. Först när vi förnimmer, tänker och rör oss lugnt och harmoniskt kan den helande kraften verka på och inom oss.

Låt oss föreställa oss vårt sinne som ytan av en sjö som piskas av en vild storm. Låt oss sedan föreställa oss hur vinden plötsligt lägger sig och vågorna lugnar sig tills sjön ligger där stilla och blank som en spegel. Även på ett sådant sätt, med sådana tankeassociationer, kan vi lugna vårt sinne. Spändhet och inre stress löser sig.

Särskilt våra nervers medvetande borde vi ägna största uppmärksamhet. Detta livets träd inom människan är avgörande för hälsa eller sjukdom. Är vi nervösa så är våra nerver antingen överansträngda eller också föreligger det en tidigare orsak som eventuellt också är karmiskt betingad. Vid nervösa kramptillstånd eller oro kan, trots våra helande förnimmelser eller tankar, Kristi kraft inte förmås att flyta i ökad utsträckning då den enbart genom ett avspänt nervmedvetande strömmar in i vår kropp.

Så är varje kramptillstånd av ondo, vare sig det härrör från felaktiga tankar eller från stress. Befinner sig vårt nervsystem i disharmoni, så är det inte möjligt för den eviga, harmoniska och harmoniserande kraften att låta hjälp, lindring och helande komma människan till del enligt den gudomliga viljan.

Vill nu en människa vända sig mot Andens kraft och ge den dominansen i sitt liv, så är det viktigt att veta att detta inte låter sig göras från idag till imorgon. Varken själen eller människan kan på kort tid lösa sig från gamla, djupt rotade och inpräglade föreställningar och vanor.

Behöver vi en läkare?
En god läkare förbinder den medicinska
och den andliga terapin

En och annan, som börjar att dra in de kosmiska krafterna i sitt liv, frågar sig: Vad beböver vi våra läkare till, om kraften till den absoluta hälsan ligger inom oss?

För de flesta av våra medmänniskor är läkaren nödvändig i vår tid, därför att inte var och en kan ställa om sig från idag till imorgon och utveckla en så levande tro att den "förmår att försätta berg" som Jesus sade. Överfört på helandet innebär detta, utvecklandet av sådana krafter att Kristi helande kraft är istånd att absorbera varje krasslighet från den ena dagen till den andra.

Avgörande är den enskildes medvetandenivå. Så länge vi ständigt identifierar oss med vår kropp och därmed bejakar våra lidanden, kommer vi att hålla dessa kvar eller att skaffa oss nya. Om vi emellertid blir medvetna om att vi är Guds barn, så upplever vi att vi inte längre är underkastade varje ödets skickelse.

Gud är absolut. Han är fullkomlig och skapade bara fullkomliga varelser, alltså fullkomliga barn.

Om vi alltså är sjuka, om vi är hårt ansatta och lider av ödets slag, så är inte Gud upphovsmannen till detta onda. Vi själva förorsakade detta genom vår felaktiga motstridiga attityd i våra förnimmelser, i vårt tänkande, talande och handlande. Om vi vill utveckla en levande tro, som genomsyrar oss helt, borde vi vara fria från svårare smärtor. Vi borde konsultera en läkare som också hjälper oss att stärka vår tro på den inre makten, på Kristus, och som även hjälper oss att utveckla positiva tankar.

Har då vårt nervsystem harmoniserats genom motsvarande medikament, i synnerhet naturläkemedel, är våra smärtor uthärdliga och har vår kropp blivit vitalare, då kan vi börja att utveckla de positiva krafterna och stärka tron på och tilltron till Kristus.

Om alltså läkaren hjälper utifrån och människan förbinder sig med Kristus och utvecklar de positiva krafterna, så att dessa strömmar inifrån då kan det som är lagenligt hända inom oss. Patienten arbetar inte längre mot läkaren i det att han ängsligt frågar sig om läkaren kan hjälpa honom, om medicinerna hjälper och om det går att bota sjukdomen. Läkare och patient arbetar tillsammans för att uppnå kroppens hälsa och stabilitet.

Är patienten positivt inriktad, så kommer han också att tilltro medicinerna att ha motsvarande helande verkan och kommer sålunda att öppna sig för de positiva krafterna.

Har vi en gång i stor utsträckning kommit i harmoni med de kosmiska krafterna, då är hälsa följden. Om emellertid dessutom en själsskuld måste flyta ut förr eller senare - d v s om människan insjuknar därför att hon i tidigare liv har förgått sig mot Herrens lagar men orsaken först nu kommer till sin verkan - vad kan vi göra då? Var finner man en erfaren läkare som förmår att förknippa medicinsk med andlig terapi?

Vi borde alltid först vända oss till den som vet allt, även då vi till exempel står inför avgörandet att behöva uppsöka en läkare eller ett sjukhus. Den som ber på allvar och går in i meditationen om och om igen för att bli stilla, för att få ledning, kommer också att ta emot.

På så sätt kan hjälpande tankar komma till oss just då vi blivit stilla, under bönen eller meditationen och visa oss nästa steg - och därmed ofta vara avgörande för sjukdomsförloppet. Skulle vi använda oss av dem, hur mycket kunde vi då inte bli hjälpta.

Så snart som de känner sig opassliga vänder sig en del människor till läkaren för att få reda på om hjärta, mage, lungor eller nagot annat organ är i ordning. På det kan man se att människan ännu inte alls är kapabel att aktivera de inom henne slumrande helande krafterna. Fruktan att eventuellt vara sjuk bidrar till att många människor drivs in i sjukdomen. Om nu patienten hör av läkaren att lungorna eller levern inte är i ordning, så blir han bekymrad över det. Resultatet blir att lungorna eller levern störs ännu mera, eftersom dessa cellsystem transformeras ned i sina vibrationer genom felaktigt tänkande, genom bekymmer och ångest.

Våra tankar, människans medvetande, har ett väldigt inflytande på organismen. Den som underkastar sig en läkares konsultation och omvårdnad borde förbereda sig andligt i bön och meditation.

Det vore emellertid dårskap att enbart gå till läkare för att sedan bekymra sig över eventuellt svaga kroppsdelar. Många goda läkare vet om tankarnas kraft. De vet att patienterna i många fall tynar bort så fort man talar om för dem vilken sjukdom de har. Till och med den tappraste förlorar mestadels modet, om han får reda på att han har cancer. Därför borde läkaren just när det gäller diagnoserna vara mycket försiktig och ge människan hopp: inte enbart hopp om „hans" läkemedel och apparater utan hopp om kraften i människan, hopp om varje kropps inneboende möjlighet till självläkning.

Har vi tillräcklig tilltro till Gud, då behöver vi inte få reda på sjukdomens namn. Ofta förstärks oron inom oss om vi vet om våra kroppsliga störningar i detalj. Sinnesrörelse och bekymmer försämrar emellertid vårt tillstånd. Ångest förknippad med en viss sjukdom binder oss vid sjukdomen.

Den som med förtroende kan överlämna sig i Guds och en god läkares eller naturläkares händer utan att absolut vilja veta vilken sjukdom han lider av, vinner den största välsignelsen för sin själ.

Helande genom Anden utan medikament och örter är möjligt

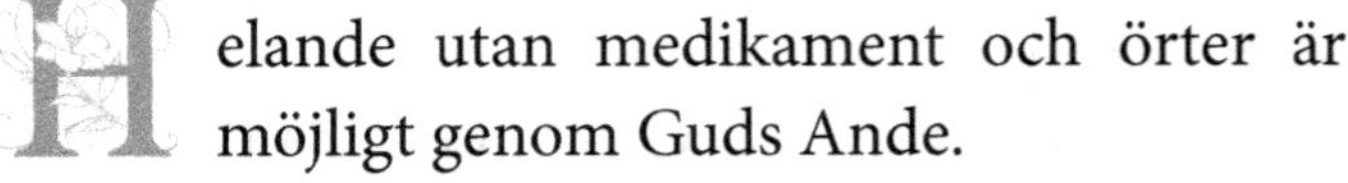

Helande utan medikament och örter är möjligt genom Guds Ande.

Den som öppnar sig för den allverkande kraften som även är den helande kraften kan genomstrålas av den i tilltagande utsträckning och blir så småningom fri från att inta varje form av droger och läkemedel. Då en sådan utveckling emellertid inte sker från den ena dagen till den andra, kan människan inte från idag till imorgon klara sig utan medikament som hon eventuellt har vant sig vid sedan länge.

Vi kan emellertid så småningom växla från farmaceutiska medikament till naturläkemedel. Därvid vänjer sig organismen långsamt. Denna omställning borde dock företagas under ledning av en läkare eller naturläkare. Våra tankars inställning och inriktning är också avgörande härvidlag.

Vi borde sända positiva tankevågor till vår kropp som tänder det i oss verkande inre ljuset, Kristusljuset, förstärker det och får det att lysa. Så borde omställningen av medikamenten från allopati till naturläkemedel gå parallellt med våra positiva tankar.

Det är inte möjligt för varje människa att vara helt och hållet positvt inställd från den ena dagen till den andra. Vi upplever vid omställningen från motstridiga, pessimietiska och skeptiska tankar till positiva, uppbyggande och bejakande tankar lika stora och små fluktuationer som vid en sjukdom som kan visa andra symptom och värden varje dag, eller som vid omställningen från allopati till naturläkemedel.

Vi måste alltid göra klart för oss att allt beror på vibrationer. Så som vi tänker, så blir eller är vi. Allt som vi tänker på, bestrålar vi och bygger därmed upp det eller också förgiftar vi det genom våra egna negativa, hatfyllda, skeptiska tankar, genom vrede och motvilja.

Sådana negativa aspekter kan också blockera medicinens verkan fullkomligt och sålunda förvärra en sjukdom. Vi kan alltså med våra tankar öva inflytande på medicinen som vi intar, både den kemiska och i ännu högre grad naturläkemedlen.

Den som befriar sig från negativa känslor genom bön, kristlig meditation eller genom bemödandet att sätta positiva tankar mot de negativa, kommer så småningom att bli fri från sina lägre känelor och tankar och närmar sig allharmonin.

Han frigör därmed allt mer gudomlig energi som medför att medicinen vibrerar på motsvarande sätt och på så sätt har en lindrande och helande verkan.

Ett läkamedel är inte som det antas allmänt en substans som bara framkallar en bestämd t ex kemisk reaktion. Det är snarare ett tankekomplex som framkallar olikartade verkningar, därför att olikartade verkningar är fästade vid läkemedlet alltefter producentens medvetande som tillverkar och läkarens medvetande som ordinerar det samt slutligen patientens medvetande som intar det. Var och en av dessa vibrationer påverkar läkemedlet och märks i vår kropp som reagerar på detta. Om vi t ex tar höga potenser, så är också alla tankar, d v s alla olikartade medvetandets inflytelser som är delaktiga i produktionen, i försäljningen och i distributionen till patienten, potensierade på ett motsvarande sätt. Höga potenser inverkar som bekant också på vår andehropp, själen. Det betyder att denna sedan tar upp de potentierade d v s förstärkta inflytelserna och infekterar sig med dem, såvida det föreligger samma eller liknande vibrations-komplex, alltså motsvarigheter, i själen.

Därför är det tillrådligt att bestråla medikamentet med vårt förberedda medvetande så att det kan bli verksamt för motsvarande organ. Vi måste förstå att alla ämnens verkan är relativ. Så kan medikamentet i många fall först bli riktigt verksamt om patienten sänder positiva tankar till det och tror på dess verkan. Den som vill sända de rätta, lagenliga vibrationerna till medikamentet, måste först förbättra sin känslo- och tankevärld, alltså ha en positiv inriktning. Alla läkemedel, vare sig de är kemiska eller på växtbasis, kan bestrålas positivt eller negativt av patienten.

Måste vi alltså inta en medicin, då borde vi anbefalla detta medikament, detta vibrerande komplex, till Gud och be Honom att strömma igenom det på ett motsvarande sätt, så att det för med sig den önskade framgången utan biverkningar. Vi måste emellertid även ändra vår hållning i tankarna och sålunda också gestalta vårt liv positivt.

Om vi ändrar vår inre hållning, då kan också läkemedlet verka positivt. Om vi för ett rent liv, kan den Evige, för vilken allt är möjligt, neutralisera de skadliga substanserna genom oss, genom vår positiva inriktning och tillföra det lidande organmedvetandet motsvarande vibrationstal via medikamentet. Detta kommer att hända i relation till vårt sätt att tänka och leva. Så som vi ändrar oss, så kommer vibrationstalet i själ och kropp att förändra sig.

Materiens, alltså medikamentets verkningskraft motsvarar det mänskliga medvetandets nivå. Ju mer detta är inriktat på den materiella världen, desto fler läkemedel kommer vi att ha behov av vid helandet av sjukdomar. Har emellertid vårt medvetande vaknat till Sanningen, då verkar Sanningen, Anden, inom oss och helar oss. Det betyder inte att vi inte vid sidan om borde använda några naturmediciner för att stötta upp vår kropp, i synnerhet då det föreligger en större svaghet i nervsystemet.

Rädsla attraherar katastrofer - Atomstrålningen kommer att öka

Hur ser det emellertid ut i vår värld? Hittills talade jag om intagandet av medikament. Om vi tittar närmare på händelser i vår värld, atomförsöken och olycksfallen vid atomreaktorer, atomrustningen och lagringen av atomsopor, så måste vi ha klart för oss att radioaktiviteten kommer att öka med tiden. Inte bara olycksfallen i och vid atomreaktorer frigör radioaktivitet, utan varje atommila även den som är "driftssäker" utstrålar kontinuerligt radioaktivitet. Atomvapen och atomsopor är likaledes strålningskällor för radioaktivitet. Det är således inte enbart varje atomförsök som frigör radioaktivitet.

Vi vet att ingen energi går förlorad. Det gäller också för frisläppt radioaktivitet. Genom tankar av rädsla och hopplöshet förstärker vi den än mer och låter den bli ännu farligare än den redan är. Genom vår rädsla och våra bekymmer inför ytterligare atomkatastrofer attraherar vi dem - och de äger rum.

Vem kan ta ifrån människorna ängslan för sin kropp? Vem kan ta ifrån människorna tankar av rädsla och bekymmer att eventuellt ytterligare katastrofer inträffar och ytterligare atomreaktorer läcker? Människorna sänder ut sina tankar. Eftersom tankar är krafter, förorsakar de nödvändigtvis - det som människan just inte vill, som hon är rädd för och som hon därför talar om. Hon funderar nämligen på faran, hon talar om den och råkar därigenom in i en inställning av förväntan att det kunde ske som hon befarar. Hon frigör därmed alltså energier som sedan når sitt mål, arbetar på respektive ställen och så småningom verkställer det fruktade. Människan vill det inte, uppväcker det emellertid med sina tankar och ord. I det att hon vänder sig till det negativa, ifrågasätter hon det positiva. Hon sänder sina tankar dit där det finns farokällor och bidrar därigenom själv till att det händer som bara fanns som möjlighet men inte som verkan. Hon låter sålunda det komma till verkan som bara fanns som möjlighet, eftersom hennes tankar arbetar på det stället som hon betraktar som farokällan t ex atomanläggningar, vapendepåer, soptippar eller instanser som förordar användningen av atomenergi.

Vad människan sår i tanke, ord och handling, det kommer hon att skörda. Hon skördar alltså på något sätt de farliga atomstrålarna som frigörs genom olycksfall, genom utstrålning, genom försök eller genom atomkrig.

Atomstrålningen är det osynliga, smygande giftet, den osäkra döden som förändrar och delvis sliter upp atmosfären. Atomstrålningen är den osynliga, smygande döden i djurvärlden. Den förgiftar jorden med sina växter, örter och frukter. Den förgiftar människan och låter henne eventuellt lida länge.

Människan lever på vad jorden frambringar. Är denna radioaktivt förorenad, så har varje växt, varje ört och varje frukt blivit en negativ strålningskälla. Vad skall människan livnära sig av? Antingen äter hon vad naturen frambringar och infekterar sig med atomstrålningen allt mer eller också svälter hon ihjäl. Detsamma gäller för dricksvattnet, för de underjordiska källorna likaväl som för haven.

Vad kan man då ta sig till? Var finns räddningen?

Människan kommmer att behöva erfara och uppleva vad det betyder att inte längre kunna inta något som inte har en negativ strålning. Hon kommer att behöva finna sig mer eller mindre i att genom de olika orsakerna även ozonskiktet i atmosfären bryts upp och att så småningom hudsjukdomar och brännskador ökar och den s k hudcancern uppträder ännu mer.

Det kosmiska människosläktet

Det nuvarande människosläktet kommer att tillbakabildas. I dess ställe träder i sin strålning förändrade människor. Det är det kosmiska människosläktet som i sin strålning står över denna jords och de nutida människornas strålningsintensitet. Metamorfosen kommer att försiggå omärkligt. Den kosmiska människan är i sin strålning finare och renare. Sådana människor kommer att kunna överleva i många fall, därför att de står högre vad vibrationerna beträffar än den hittillsvarande materiella människan.

Ut ur ruinerna av mänskligt tänkande, strävande och handlande stiger den nya människan, det nya livet fram som fågeln Fenix ur askan. Det är den nya mänskligheten för den nya tidsåldern. Människor med en fin och ren strålning, människor som orienterar sig kosmiskt och använder de kosmiska lagarna, som har sin giltighet i hela naturen, i varje djur, i varje sten och i samtliga himlakroppar, kommer att äga den nya jorden, den renade jorden.

De kosmiska lagarna är livet i varje själ och i varje människa. Det är den eviga, universella lagen som de kosmiska människorna använder på rätt sätt.

På samma sätt som den kosmiska människan stiger upp ur askan, ur det mänskliga förfallet, på samma sätt kommer nästan parallellt hela vegetationen att förändras. Atmosfären blir allt mera genomsläpplig. Framför allt blir ozonskiktet runt jorden, som håller de ultravioletta strålarna borta, allt tunnare. Därigenom kommer mycket att förbrännas. Polerna och haven kommer att upphettas. De klimatiska förhållandena kommer att ändra sig. Därigenom ändras strukturen av hela planeten som vi bor på. Det medför med tiden stora förändringar i naturen, i djurriket och hos människan. Om således strålningen förändras, kommer också livet att förändras.

De materiellt orienterade människorna kommer att gå hädan genom sjukdomar, brännskador, atomskador och mycket mer. Även de radioaktivt förorenade naturrikena är underkastade samma process.

Ur detta döende spirar ett renare, vackrare och frodigare liv. Högre vibrationer avlöser de lägre, negativa vibrationerna. Den som befinner sig i högre vibrationer kommer att klara mycket och kommer eventuellt t o m att överleva - dock efter att ha genomlevt några våldsamma omvälvningar som kommer att hemsöka hela jorden med atmosfären samt det nuvarande människosläktet.

Var finns räddningen? Var finns räddaren?

Räddningen finns inom varje människa själv. Det är Guds Ande, den högsta strålningen. Räddaren är alltså vår evige Faders Ande, som bor i varje själ och i varje människa, i stenen, i naturen och i varje djur.

Vi måste tänka om fullständigt och inrikta oss på den högsta strålningen

Högre vibrationer förmår att inverka på lägre sådana. Då de lägre vibrationerna å andra sidan inte kan träffa och öva inflytande på de högre vibrationerna, så framgår därav vad som finns att göra. Därmed vill jag säga följande: De mänskliga vibrationerna, allt som vi människor har sänt ut och sänder ut, det som leder till vår smärta och till vår förintelse, är negativa vibrationer. Dessa vibrationer kan aldrig nå den gudomliga strålningen och smitta den med sina motstridiga komplex. Negativa krafter förintar sig i längden själva, eftersom Guds Ande, den höga strålningen, även i varje negativ vibration, enbart bestrålar det positiva. Som bekant uppstår vibrationer bara om två poler är aktiva, om den negativa och den positiva polen står i växelverkan.

Gud, den höga strålningen, bestrålar bara det positiva, den delen i vibrationerna som håller de båda polerna, positiv och negativ i ömsesidig växelverkan. Det är den gudomliga strålningen för de materiella livsformerna. Faller deras vibrationer och fortsätter de positiva krafterna, den höga strålningen, den höga energin, Gud, att flyta till, då uppstår allt större spänningar i materien. Det mänskliga, det negativa, det som relateras till jaget, avlägsnar sig från den höga strålningen. Det kan och vill inte träda i kommunikation med de höga krafterna. Därigenom måste det nödvändigtvis komma till ett lösgörande och på lång sikt till en omvandling.

Framkallar människorna genom sina handlingar alltmer negativ energi, alltså lägre kraft som hänför sig till det materiella livet och som inverkar störande och förstörande på alla materiella livsformer, då blir spänningen i materien allt starkare och har inte längre någon kontakt med den höga strålningen. Det betyder att en expansion i negativ mening kommer att ske med tiden, och längre fram en explosion som en väldig eruption. Det medför massomflyttningar, som i sin tur också framkallar en fullkomlig förändring i och på jorden.

För att kunna motverka detta händelseförlopp måste alla människor ändra sig. Varje människa måste så småningom anpassa sig till den höga strålningen, Gud. Hon själv måste närma sig den gudomliga strålningen och får inte vänta sig att Gud transformerar ned Sin strålning, alltså närmar sig henne med Sin höga strålning.

Det betyder ett fullständigt omtänkande för varje enskild människa som också har till följd ett motsvarande handlande.

Varje individ måste känna
sitt ansvar och
börja med sig själv

Vill människan leva hälsosamt, måste hon se och uppleva Gud i allt. Människan måste använda de kosmiska lagarna om osjälvisk kärlek, frid och harmoni. Hon måste se det rena, sköna, goda och ädla i alla livsformer och ha aktning för allt liv. Människan bör inte bara tala om livet, Gud, och att det ena eller det andra måste göras för att uppnå en bättre värld. Var och en är kallad att först börja hos sig själv.

Lär sig människan att tänka om, att tänka och leva lagenligt, kommer hon att höja sin strålning. Hon kommer att gestalta sitt liv gudomligt. Hon kommer inte längre att tänka och därmed att bygga upp något negativt och destruktivt utan att hålla fred med sin nästa, med jorden och naturrikena.

Enbart ur människan själv, ur var och en för sig, kan frid uppstå, när hon bemödar sig om att tänka och att leva osjälviskt och att hysa aktning för livet.

Varje människa inverkar bestämmande inte bara på sitt eget och sina medmänniskors liv utan också på jorden och på allt vad jorden frambringar. Så är var och en ansvarig för sig själv, för sitt tänkande och handlande och därutöver för alla människor, för planeten jorden och dess atmosfär.

Det gäller alltså inte att vår nästa bör ändra sig, att kyrka och stat måste ändra sig.

Varenda individ måste ändra sig. Först då utstrålar han positiva, uppbyggande krafter och inverkar i gemenskap med många likasinnade också positivt på medmänniskorna som ännu står i det materialistiska tänkandets skugga. Så inverkar han även på jorden som han är en del utav.

Jesus sade: "Det du gör mot de ringaste av Mina bröder, det gör du också mot Mig".

Gud är allt i allt. Det vi alltså tillfogar var nästa, också naturrikena, det faller tillbaka på oss själva.

Vill vi höjas i vibrationerna av vår själs- och kroppsstruktur, då måste vi också låta oss höjas i det att vi ändrar vårt sinnelag. Känner, tänker, talar och handlar vi positivt, börjar vi att föra ett osjälviskt liv, att hysa aktning för vår nästa, att älska honom, att göra gott mot honom, att uppskatta jordens liv och naturrikena, då kommer vi med Kristuskraftens hjälp att lyftas in i finare vibrationer.

Räddningen är den högsta strålningen, Gud inom oss. Vårt utvecklade medvetande kommer att leda oss

Gudakraften, den finaste strålningen, kommer att stråla till oss allt mera. Den kommer att lyfta vår själ och stärka våra celler, organ, muskler, körtlar och hormoner, ja leda hela organismen in i en högre strålning. Om således högre krafter genomstrålar och leder oss, tar vi allt mera avstånd från de låga, negativa vibrationerna.

Vår positiva, höga själs- och kroppsstrålning inverkar sedan också positivt på naturläkemedlen och medikamenten. Därigenom blir det även möjligt för oss att skydda oss för många faror som kommer att hemsöka många människor samt jorden.

På detta sätt kommer det nya människosläktet att uppstå. Ur det negativa föds det positiva. Ur människosläktet, som är inriktat på det förgängliga, på materien, uppstår det andliga släktet av gudsmedvetna människor.

Räddaren i all nöd och fara är den högsta strålningen: Gud inom oss.

Om du därför framdeles vill undfly de största farorna, om du vill uppnå helande genom Anden och befrias från rädslor och tvångsföreställningar, då skall dina lösenord, som för dig närmare en lösning, vara: "Närmare, min Gud, till Dig"!

Låt oss alltså börja genast, om vi vill komma närmare Gud. Vi låter vågor av tacksamhet mot Gud och vänlighet mot alla människor vibrera genom vårt inre.

Låt oss alltså utveckla känslor av tacksamhet mot Gud och vänlighet mot våra medmänniskor i stället för att klaga över vår sjukdom. Genom tacksamhet och vänlighet försvinner själsliga spänningar och den fysiska motståndskraften växer emedan högre vibrationer flödar genom oss i ökad utsträckning.

Sålunda måste vi bemöda oss om att genom ett rent liv, genom bön och meditation, genom positiva tankar och handlingar lyfta vårt medvetande till en högre andlig nivå in i Guds fina, höga strålning. Då kommer även de yttre sjukdomsbilderna att förändras och vi kommer att föra in ljus i många människors ljusfattiga liv.

Om vi lever i självkontroll och förverkligande och vårt medvetande utvecklas på rätt sätt, då kommer det t ex att leda oss till en läkare, som gör det som är riktigt för oss. En annan gång kan det visa oss vägen till tillfrisknande utan att vi behöver anlita en läkare. Ett i stor utsträckning utvecklat medvetande kan leda oss förbi en farozon, där det ligger en stor olycka på lut. Eller också leder det utvecklade medvetandet, i vilket den eviga Kristuskraften verkar mer och mer, till att vi ändrar förberedelser och planer, så att vi eller andra bevaras för skador.

Om vårt medvetande vibrerar i Guds medvetande, i den fina strålningen, så är det även möjligt för Gud att leda oss enligt Sina lagar. Det höga medvetandet är då i alla ting, i de stora såväl som i de minsta, ledaren i vårt liv.

Om vi exempelvis står inför ett anbud av livsmedel kommer vi inte att vara hungriga på sådan näring som inte är hälsosam för vår konstitution eller t o m innehåller skadliga ämnen, alltså gift.

Det ligger alltså uteslutande hos oss, hos vårt eget kännande, tänkande och handlande. Vi måste få vårt sanna själv att stämma överens med hela universum. Då kommer vi att ledas av Guds kraft, av Kristuskraften. Vi uppnår hälsa och välgång och omges av Guds skyddande fina strålning.

Vi är Guds barn - Vi äger inom oss källan till kraft och hälsa - Vi måste bannlysa de negativa tankarna ur vårt medvetande

Ur våra tankar måste bilden av sjukdom, problem, ångest, bekymmer och nöd försvinna. Hela vår strävan bör vara inriktad på att vi inte längre betraktar dessa mänskliga aspekter, som exempelvis sjukdom, som något som skall botas. Vi föreställer oss med vårt tänkande och vår tro, att sjukdom och annat ont inte existerar. I stället för att vara fixerad på sjukdom, bekymmer, svårigheter, problem och dylikt bejakar vi hälsa, glädje, harmoni, belåtenhet och lycka.

Vi borde ta oss tid att meditera över den fullkomliga Gudskraften, över den fina strålningen, över verkligheten som ligger bakom skuggorna av sjukdom, lidande, nöd och bekymmer utan att ta hänsyn till hur svår en sjukdom eller en infektion tycks vara. Därigenom kommer vi in i ett högre vibrationsområde , en finare strålning. I relation till detta vibrationsområde kommer då sjukdomsbilden att ändras.

Var och en av oss är i enlighet med sitt väsen en bärare av gudomligt liv, ett barn av den Allrahögste. Enligt ursprunget är vi gudomliga. Fullheten av vårt sanna väsen är hälsa, frid och lycksalighet.

Låt oss meditera över orden: Vi är Guds barn som äger oändlighetens hela fullhet, hälsa, frid och lycka.

Vi bör alltså vända oss till Gud, den eviga kraften och fullheten. Vi bör inte tala om våra sjukdomar och ödets slag. Vi bör inte klaga eller fundera på vilken medicin vi kunde tänkas prova idag. Ty så som vi vänder oss till sjukdomarna och deras orsaker bidrar vi till att nya symtom uppträder och ytterligare sjukdomsbakterier bildas.

Vi måste vägra att överhuvudtaget låta sådana negativa föreställningar tränga in i vårt medvetande. Så snart vi har avlägsnat dessa "villfarelser", kan verklighetens fullkomliga tillstånd träda fram, då vi ju är det verkliga Självet. Vi är i varje ögonblick Guds barn. Varje motstridighet som ännu existerar måste vi eliminera så att livskraften kan vara verksam.

I vårt liv får det heller inte finnas något hat. Vår nästa skall vara vår vän och broder. Varje orolig sinnesrörelse måste vi eliminera, då uppnår vi fridens tillstånd. I friden läker både själ och människa.

Så som materiella kroppar vid fallet förhåller sig enligt tyngdkraftens lag så finns på tankarnas område lagen om attraktionskraften.

Låt oss ha klart för oss att sjukdom inte är något annat än våra tankars manifestation!

Det som vi alltså attraherar genom tankarna det liksom sjunker in i oss, då samma eller liknande föreligger inom oss. Lika attraherar ju lika.

Vad är egentligen sjukdom?
Sjukdom beror på felaktigt tänkande

Vad är egentligen sjukdom? Man kan jämföra den med molnen. Vattenångan stiger upp från jordens yta och förtätas till molnformationer. Molnen skymmer solen för oss.

På liknande sätt stiger från människans själ orsakerna upp som verkningar och manifesterar sig som sjukdom. Nervsystemet knyter sig, varigenom andekraften, som är hjälpande, helande och uppbyggande, avtar.

Vi måste ju inse, att hur mycket den andliga solen, den eviga Anden, än må vara täckt av moln så är inte själva solen, Anden, påverkad av det. Molnen bildar ett hölje, en slöja, omkring själen, Anden själv förblir oberörd av det.

Sjukdom beror på felaktigt tänkande.

Det vi tänker bildar en form, eftersom varje tanke är energi. Formeringen av tankarna, alltså summan av våra tankar påverkar själ och kropp.

Fruktar vi en sjukdom då bejakar vi den. Talar vi om sjukdom, då bejakar vi den. Vi skapar alltså ett tankekomplex som heter sjukdom.

Om vi emellertid vet att ingen energi går förlorad och vi av rädsla sänder ut sjukdomsenergier, i det att vi talar om sjukdomar, så attraherar vi åter det som vi sänder ut. Det utövar inflytande på oss. Vi belastar vår själ och vår kropp. Vi insjuknar.

Så kan vi säga att våra sjukdomar är manifesterade tankar, våra egna tankar, inte vår nästas tankar.

Fruktar vi virus och skadliga bakterier så attraherar vi virus och skadliga bakterier. Fruktar vi det som de kan utlösa, så utövar de inflytande på oss och åstadkommer samma eller liknande i vår kropp.

Det vi fruktar, det blir då verklighet i oss. Farhågor och bekymmer är bristande gudsförtröstan. Bristande gudsförtröstan betyder emellertid att det bara flyter ringa andekraft inom oss. Förstärker vi dessutom våra farhågor och våra bekymmer genom bejakandet av bekymren, då avtar andekraften allt mer så att vi lider brist på energi. Det medför att vi är energifattiga eller blir det allt mera, beroende på hur ofta vi grubblar över våra bekymmer, funderar över våra sjukdomar.

Bristande andlig energi är en försvagning av själen och kroppen. Följden blir, att det som vi fruktar utövar inflytande på oss.

Vi infekterar oss med våra egna tankar av fruktan och bekymmer, med våra egna tankar av sjukdom, nöd och ödets slag. Fruktar vi virus och skadliga bakterier, då attraherar vi dem och kan infektera oss med dem.

Sjukdom beror på felektigt tänkande.

Förr eller senare måste vi förstå och lära oss att vi är Guds barn, kosmiska varelser. Gud skapade vårt innersta väsen, vår andekropp, absolut ren och fri.

Gud vet inte av någon sjukdom. Han är fullkomlig.

Har vi utgått som rena väsen ur Honom, då är vi i Gud, absoluta, alltså rena, fria och därmed fullkomliga.

Träder vi ut ur absolutheten, ur kärlekens och harmonins fullkomliga lag, då präglar vi vårt liv. Vi alla trädde och träder ut ur Guds lag genom vårt felaktiga tänkande och handlande. Våra felaktiga tankemönster inverkar på oss. präglar och tecknar oss. Det betyder att vi själva blir vårt eget tankemönster. Våra tankemönster kan vara farhågor eller bekymmer av de mest olika slag. Rädslan för en sjukdom skapar omkring oss och sedan inom oss symtomet av denna sjukdom. Det uppstod, därför att vi lämnade absolutheten genom felaktigt tänkande.

I Anden existerar inga sjukdomar. Alltså måste de ha skapats av oss själva. De falska symtomen är vårt väsen. Det är ett manifesterat tankekomplex i vår kropp. Detta tankekomplex inverkar på oss i den utsträckning som vi själva ger det möjlighet till genom ständiga tankar på sjukdomen och genom fruktan för sjukdomen.

Höjandet av medvetandet och förbindelsen med väsenskärnan möjliggör helandet genom Guds Ande - positiv programmering av familjen

Med positiva tankar allena kan vi ingalunda fördriva svåra sjukdomar. De förbereder emellertid vår kropp för Andens helande vågor om vi tänker in dem i vårt inre och riktar dem till våra celler och organ. Det vi tänker borde vi emellertid bejaka med våra förnimmelser och känslor. Med andra ord så är tanke, förnimmelse och känsla av samma vilja.

Vårt rena varande, själens väsenskärna, bildar ingen enhet med sjukdomar. Vi måste genom positivt tänkande, genom tankar på hälsa, utvidga och lyfta vårt medvetande så att det kan träda i en starkare kommunikation med själens väsenskärna, med den absoluta Anden. Detta resulterar i ett starkare flödande av Anden, som då medför helandet i själen och tillfrisknandet i kroppen.

Så är det möjligt för Guds Ande i oss att lösa upp sjukdomen och få den att försvinna på ett liknande sätt som solen gör med molnen. Vi måste emellertid ta första steget: Vi måste utvidga och lyfla upp vårt medvetande och träda i förstärkt kommunikation med väsenskärnan, med det gudomliga inom oss.

Ofta bemödar sig människan om det inre helandets kraft i det att hon genom bön, meditation, genom positivt tänkande och lämplig diet strävar inåt där livets källa flyter. Trots detta lyckas hon inte att helt komma in i den vibrationssfär i vilken helande genom Guds Ande är möjlig. Känner vi oss någorlunda i harmoni, är våra tankar i stor utsträckning positiva och känner vi trots allt detta att vårt medvetande inte höjes, då borde vi titta inom oss.

Vi borde då betrakta vår familj, om det inte inom familjen finns tvister, stridigheter, förtretligheter, hat eller annan missämja. Sådana störande impulser kan inverka på den inåtriktade människan. De kan hindra henne att komma i den harmoni i vilken det är möjligt att träda i förstärkt kontakt med den inre läkaren och helaren. Är familjen oharmonisk, så rekommenderas den sjuke att själv föra in harmoni i familjen.

Som stöd för medvetandet kan meningar som är lätta att komma ihåg vara till hjälp. De lyder "Min familj består av Guds barn". "I min familj av Guds barn kan bara fullkomlighet och harmoni råda". "Vars och ens medvetande är uppfyllt av frid och kärlek". Om vi programmerar oss med dessa tankar och sänder dessa positiva tankevågor till familjen, då kan mycket ändra sig, naturligtvis i enlighet med vars och ens medvetandenivå - hur nära han är Gud eller hur avlägsen han ännu är från den Evige.

Tankar är krafter - såväl de positiva som också de negativa!

Låt oss ha tålamod och förståelse och låt oss lita på att det även inom familjen äger rum en förändring till det bättre. Låt oss se på vår nästa som en del av oss! Då är det också möjligt för oss att bemöta vår nästa med förståelse, tolerans och den kärlek som läker månget själsligt sår.

Vi måste tänka om -
Bejakandet av vårt sanna varande
främjar tillfrisknandet -
Andligt helande är en process av befrielse
från allt ont som vi själva har förorsakat

i borde göra klart för oss och programm-
era oss så:

Gud vår Herre, skapade ingen sjukdom. Där-
för finns det heller ingen sjukdom i Hans ver-
klighet. Vi borde alltså aldrig tänka att vi är sju-
ka. Låt oss släppa känslan av sjukdom och låt
oss tänka oss fram till hälsa! Då vaknar vårt cell-
medvetande och skänker oss rikligt med kraft
och även frid.

Den som ber om helande strömmar måste
inrikta sitt tänkande på den helande kraften,
på sanningen och bli medveten om att han är
ett Guds barn och därför en andlig verklighet.

När vi tränger igenom de täta molnen i sken-
ets yttre värld och förstår vår andliga natur, kan

90

vi med full övertygelse säga: "Jag är ett Guds barn."

För att kunna bli istånd att tänka positivt och att utveckla tankar om hälsa, får vi inte se oss som fysiska varelser. Att vara människa för med sig obeständighet, mottaglighet för sjukdomar och förgänglighet. Vi borde tvärtemot se oss som ett evigt, oförstörbart väsen, som får blomma upp i Gud, sin Herre och Fader.

Må vårt nuvarande tillstånd vara aldrig så kritiskt, må människan vara aldrig så svag, så är detta inte det väsentliga. Det är bara en yttre företeelse. Den yttre företeelsen är en skuggbild och skuggbilder är inte detsamma som verklighet.

Det som inte är verklighet är villfarelse. Villfarelsen låter oss acceptera saker som verklighet som inte äger någon reell existens. Det som alltså inte verkligen existerar har ingen existens.

Vi måste lära oss att tänka om fullständigt och rikta in våra förnimmelser och tankar på livets lagar. Då kommer vi till sanningen, till Gud i Kristus, som gör oss fria. Vi måste vända vårt tänkande från det onda, som plågar oss mentalt och fysiskt och bemöda oss att hysa bejakande och uppbyggande tankar som främjar hälsan. Låt oss tänka tankar om hälsa!

Om vi inser och erkänner att Gud är vårt liv, kan ingenting annat existera än Gud. Låt alltså Gud bli manifesterad i oss genom bejakandet av det gudomliga! De negativa tankekomplexen kommer att ge vika och inom oss blir det ljusare, mera harmoniskt och vänligt.

Sjukdom är ett ont. Gud skapade inget ont. Därför finns den heller inte. Även om sjukdomen finns i det yttre, i det materiella så har den dock ingen verklig existens i Gud, i vårt sanna varande.

Därför borde vi bejaka vårt sanna varande: Gud har skapat det fullkomliga, rena andeväsendet, andekroppen med allt sitt ljus och sin kraft som finns inom oss.

Vi får alltså inte bejaka existensen av sjukdom annars förlänar vi denna företeelse en kraft och en uthållighet, som den inte äger av sig själv.

Det som inte existerar i det andliga, i den sanna realiteten, borde människan inte acceptera. I sanningen, i den andliga realiteten, finns all kraft. Denna kraft borde vi bejaka!

Vi måste alltså lära oss att tänka om.

Först när mänskligheten, d v s var och en av oss, lär sig att tänka om, blommar mänskligheten upp genom Guds kraft. Den tillfrisknar, blir lycklig, glad, fridfull och harmonisk.

Andligt helande, alltså helande genom Gude Ande i oss, är en process för befrielse från lidanden som vi själva har förorsakat.

Anden, Gud, kan emellertid enbart vara verksam i förstärkt utsträckning och leda till befrielse där människan själv skapat de nödvändiga förutsättningarna.

Den väsentliga förutsättningen är att människan vänder sig till den som är Livet. Människan måste tänka om och sätta in positiva och målmedvetna, uppbyggande och främjande tankar i stället för de negativa, mållösa och grubblande tankarna.

Den sanna bönen
för med sig dess uppfyllelse

Det omedelbara uttrycket för förbindelsen med Gud utgör bönen. Våra bönetankar har emellertid enbart särskild kraft om vi även förverkligar det som vi ber om i det dagliga livet.

Ber jag om hälsa så måste jag även bemöda mig i mitt liv att tänka tankar om hälsa, och inte sjukdom, för att på det sättet öppna mig för helandets vågor.

Ber jag i en bön om frid och harmoni, så måste jag bemöda mig själv att se det goda i min nästa och bejaka hans positiva egenskaper. Jag får inte tala negativt om honom.

Det som jag sänder ut kommer tillbaka till mig. Önskar jag min nästa frid och harmoni och ser jag honom i Gudomens ljus, alltså positivt, då faller det som jag sänt ut - frid och harmoni - åter tillbaka på mig. Jag blir det som jag bett om i bönen.

Önskar jag att bli älskad så måste jag först bemöda mig att älska min nästa. Så som jag är sänder jag ut. Så som jag sänder ut kommer det tillbaka till mig som eko.

Därför måste vi tänka om.

Rätt bön innebär alltid samtidigt rätt liv. Det innebär uppfyllelsen av vårt liv och är av största betydelse för oss människor.

Att be rätt innebär att leva rätt.

Att be rätt innebär att uppfylla Guds lag, att förlåta vår nästa, älska honom och sända goda, positiva och kärleksfulla tankar t o m till vår obeveklige fiende.

Detta är levande bön. Detta ger oss tillträde till vårt innersta och öppnar vårt medvetande för Kristi helande vågor. Den som på det sättet kan be av hela sitt hjärta och ber Gud om kraft och hjälp, kommer också att få det.

Om bönhörelsen dock inte följer ögonblickligen så förlorar de flesta människor tron på Gud och beklagar sig över att deras bön inte blivit hörd. På det sättet plöjer de åter bort sådden som de tidigare förtröstansfullt plöjt ner i den fruktbara jorden.

Vi måste ha klart för oss att en uppriktig och sann bön, en bön som man lever, redan är uppfylld i verklighetens värld.

Sanna och uppriktiga böner leder nödvändigtvis till uppfyllelse, eftersom det bejakade och levda redan existerar i den inre världen.

Gud, vår Fader, är fullheten. Han lade hela skapelsen i oss. Sålunda finns allt inom oss.

Vi borde förstå att skörden redan finns i fröet, även om den ännu inte kan skönjes av de fysiska ögonen. Om vi vattnar det rätta fröet med de rätta bönetankarna och med livsbejakande krafter så skördar vi.

En bön levd på det sättet är en följd av djup tro och tillit till Gud, vår Herre, och till vår Frälsare, Kristus.

Om vi vet att det önskade redan existerar i vårt inre så ligger det ju enbart hos oss att utveckla dessa krafter genom att tänka och leva positivt.

Gud har också tålamod. Vi tycker att om vi ber idag så borde det inom oss liggande fröet gro och skörden visa sig nästa dag eller om en vecka. Vi får inte förvänta oss att det som vi ber om genast manifesterar sig inför våra ögon.

Gud allena vet vad som gagnar vår själs frälsning. Enbart den goda sådden ger en god skörd - Kärlek är den högsta makten och vårt sanna väsen.

Varje attityd av förväntan gentemot Gud är tvivel!

Vi borde inte förvänta oss utan vara förvissade om att vi redan har tagit emot i det inre. För att det skall kunna visa sig i det yttre, borde vi utveckla det fasta förtroendet att Guds kärlek är oss nära. Gud är närvarande. Han känner oss. Vi känner oss knappast själva. Han vet vad som är bra för oss. Vi vet det inte, ty vi känner inte vår själs belastningar.

Allt tjänar vår själs tillväxt. Därför borde vi aldrig kräva något av Gud utan be Honom. Han allena vet vad som är bra för vår själs frälsning.

Låt oss alltså öva oss i tålamod, genom att vi förbereder vår kropp för de helande vågorna. Vi kan erhålla de högsta välsignelserna först när vi blivit mogna för det genom ett motsvarande liv i enlighet med Guds vilja. Sålunda måste vi förstå att även lidandet är nödvändigt för den mänskliga själens utveckling tills den har uppnått en viss hög nivå.

Lidandet kan också innebära att en ännu existerande själsskuld flyter ut. Då kan det inte utplånas fullständigt av Kristi Ande, den inre läkaren och helaren. Det kan på sin höjd lindras. Först för den som uppnått en bestämd höjd i utvecklingen, finns ingen nödvändighet att lida längre.

För att hitta ut ur ett liv fullt av lidande borde vi dagligen granska oss: Vad talar vi om? Talar vi illa om andra? Talar vi vänligt om andra? Är vi pessimistiska eller optimistiska? Talar vi om alldagligheter som är oväsentliga? Talar vi om vinst, rikedom eller om andligt framåtskridande?

Vi får förstå att de svar som vi ger oss själva på detta, är avgörande för gången av vårt liv och vårt vidare öde.

Om det står klart för oss att vi skördar frukterna av vart och ett av våra talade ord, så kommer vi säkerligen i framtiden att vaka över vad vi känner, tänker och pratar. Positiva, kärleksfulla tankar och ord är sanna böner. Skarpa, illvilliga ord skadar inte bara andra; de slår tillbaka på vårt eget liv och på vår hälsa. Kärleksfulla ord däremot, vilka blidkar och lyckliggör andras upprörda sinnen, främjar också den egna hälsan och var egen livslycka.

Redan i bibeln står: "Vad du sår kommer du att skörda." Därför borde vi så en god sådd i vårt livs åker. Vi kommer då också att skörda goda frukter t ex hälsa och livsglädje.

Hur ofta säger vi icke att våra böner icke blev hörda. Nå, vad beror det på? Vi måste göra klart för oss att lagen om orsak och verkan gäller överallt. Somliga menar att bedjandet är mindre påkostande och kräver mindre möda än att offra sig själv eller att anstränga sig för andra. En bön som man bara säger för sig själv utan att engagera sig är visserligen bekvämare. Den åstadkommer emellertid endast lite i vårt inre. Den bidrar heller inte till vår hälsa och harmoni, till lycka och glädje. Det är ingen levd bön.

Den som inte gör sin bön levande genom att aktivera den genom sin levande gärning, kan heller aldrig ta emot. Förr eller senare måste vi alla förstå att bara den får en god skörd som också sått goda frön i livets åker.

Allt detta är nödvändigt för att kunna tillgodogöra sig andligt helande.

Vi måste så småningom bli fria från våra lägre förnimmeleer och tankar.

Vi måste dagligen bli mera medvetna om att vi är kosmiska väsen, Guds barn.

Vi måste lära oss att be om förlåtelse och att förlåta vår nästa.

Lär vi oss detta stegvis, kommer vi att känna den inre friheten, frigjordheten från allt motstridigt. Det motstridiga vill dra ned oss och binda oss vid det mänskliga såsom hat, avundsjuka, fiendskap och dylikt. Den ärliga avsikten att be vår nästa om förlåtelse eller att förlåta honom är redan det första steget. Det är den goda viljan, beredskapen att fullfölja det helt.

För att frigöra oss från tankar på hat eller fiendskap och för att kunna fylla oss med kärlek borde vi dra oss tillbaka varje morgon och varje kväll till ett stilla rum eller ett stilla hörn i ett rum. Därvid borde vi känna, tänka eller tala in följande sentenser i vårt inre: "Jag är Guds barn. Må kärleken fylla mitt hjärta! Jag vill inte hata och inte heller hysa något agg inom mig. Jag älskar också den som inte är välvilligt inställd gentemot mig."

Är det möjligt för oss att alltid ge osjälvisk kärlek, kommer också kärlek emot oss med tiden.

Den som sår kärlek kommer att skörda kärlek. En Andens lagbundenhet är att vi också tar emot det som vi sänder ut.

Kärleken behöver emellertid inte vara som en ljummen, susande vind. Den kan även vara allvaret under vilket människan säger vad som är nödvändigt enligt lagen. Kärlek är upplysning. Kärlek är när mina förnimmelser, tankar och ord är osjälviska. Det är kärlek.

Det vi alltså sänder ut faller tillbaka på oss. Det kommer att slå rot i oss och utvecklas hos oss på ett motsvarande sätt. Därför är det nödvändigt med ett rent och osjälviskt liv för att kunna motta helande krafter.

Kärlek är den högsta makten i kosmos.

Kärlek är vårt sanna väsen.

Må var och en av oss åter uppnå denna högsta, kosmiska kraft, kärleken, så att han kan bidra till mänsklighetens och den enskilda själens välgång och framsteg.

Det önskar jag alla mina medmänniskor av hela hjärtat.

Guds fred

Gabriele

Läs också ...

Jag kom - varifrån?
Jag går - vart?

I denna bok ges svar på de 75 mest ställda frågorna om livet efter döden. T ex. Vad sker när vi dör? Vad upplever själen när den lämnar sin kropp? Vilken hjälp kan vi ge en döende? Är döden redan programmerad vid födseln? Finns det jordbundna själar? Är det ett straff att behöva dö som barn? Vad är meningen med vårt liv på jorden? I boken ges svar på frågor som är lika gamla som mänskligheten själv. Djupa insikter om livet efter döden och andligt förverkligande. Karma och reinkarnation.

ISBN: 3-926056-50-9. Häft. 62 s.

Vägen till det Kosmiska Medvetandet
Lycka, Frihet och Frid

Vägen till det kosmiska medvetandet är en befrielseväg, som Gabriele, Guds profetissa och budbärare, själv har gått före oss. Genom hennes vägledning lär vi oss hur vi steg för steg kan nå vårt sanna gudomliga vara, det kosmiska medvetandet, som finns i djupet av vår själ. Det är en självkännedomens väg som står öppen för varje människa som vill lära känna sig själv. Den leder oss in i vårt innersta – till Gud inom oss. Därigenom blir vi lyckliga och fria och vi sluter fred med våra medmänniskor, med djuren och naturen! Inkl. en kort självbiografi av Gabriele.

ISBN: 978-3-89201-949-7. Häft. 58 s.

Lär dig be
I den sanna bönen
upplever du Gud.
Sann bön gör dig
lycklig

När vi lär oss att be, så närmar vi oss samtidigt vårt sanna ursprung och vi känner att vi är förenade med alla varelser, för även djuren, växterna, träden och varje sten bär livet, Gud, inom sig. Sann bön leder till andlig mognad.

I boken förklarar Gabriele den fria bönen, den inre bönen, erfarenhetsbönen och handlingsbönen, vikten av den rätta hållningen när vi ber, hur vi ber med medkänsla, hur vi förverkligar vår bön i vardagen och vad vi kan göra om störande tankar försöker distrahera oss när vi ber. En bok som vägleder oss in i vårt innersta – till Gud inom oss.

ISBN: 978-91-981-799-0-3. Häft. 52 s.

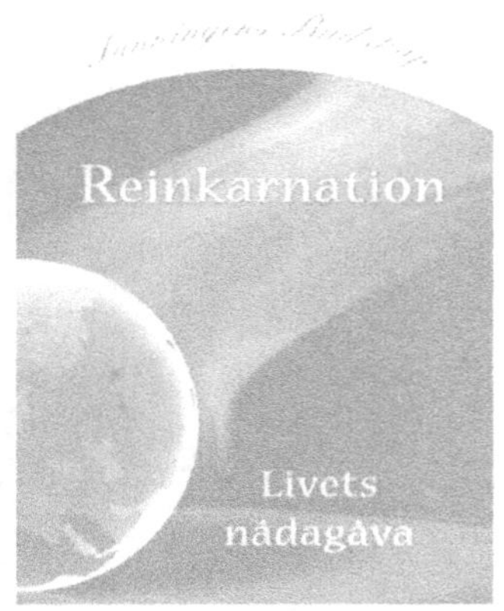

Reinkarnation är ett livsförändrande budskap. Inom urkristendomen var man väl förtrogen med denna kunskap innan den utplånades av den begynnande maktkyrkan.

I denna skrift presenteras fakta, hur och varför kunskapen om livet efter döden, karma och reinkarnation försvann från den kristna västvärlden och man rensar upp bland villfarelser och felaktiga föreställningar om reinkarnation.

Gratis broschyr.

Böcker och bokförteckning kan även beställas hos:
Föreningen Gabriele Förlag - Ordet
Box 5267. 200 72 Malmö
kontakt@gabriele-forlag.com

www.gabriele-publishing.com

* 9 7 8 3 9 6 4 4 6 5 8 7 0 *